Escritor, empreendedor e empresário, Vicente Neto é imagem e semelhança do Criador, formando em Gestão Financeira, nascido no Piauí e sempre vive em busca de novos resultados a cada dia.

Comecei a desenvolver uma profunda conexão com Deus e a viver os princípios bíblicos, que têm o poder de transformar vidas e acessar o seu favor. Em minha trajetória, aprendi a importância da honra, do posicionamento correto, de manter um coração ensinável, da lealdade, do servir as pessoas, da fidelidade e da gratidão. Esses valores se tornaram a base da minha filosofia de vida e dos meus ensinamentos.

Com uma carreira marcada pelo sucesso e pela dedicação, aplico esses princípios em todas as áreas da minha vida. Acredito firmemente que a aplicação desses valores pode levar qualquer pessoa a experimentar uma vida de abundância e propósito.
Hoje sou uma prova viva de que, com a orientação de Deus e a prática de valores sólidos, é possível alcançar novas dimensões de sucesso e realização.

FAVOR SEM LIMITES

7 Princípios para viver do Favor de Deus

VICENTE NETO

1ª EDIÇÃO

ALPHA EDITORA

Alphaville – SP
2024

Autor: Vicente Neto
Publisher: Vicente Neto
Editor Chefe: Ângelo Torres
Capa: Anderson Miranda
Revisão: Ada Baccelli
Diagramação: Vicente Neto

Impresso no Brasil - Printed in Brazil
2024

Dados Internacionais de Catalogação na Publicação (CIP)
(Câmara Brasileira do Livro, SP, Brasil)

Vicente Neto
   Favor sem limites : 7 princípios para viver
a favor de Deus / Vicente Neto. -- 1. ed. --
Barueri, SP : Ed. do Autor, 2024.

   ISBN 978-65-01-18333-6

   1. Autoajuda - Aspectos religiosos 2. Crescimento
espiritual 3. Cristianismo - Essência, natureza, etc.
4. Devoção a Deus 5. Fé (Cristianismo) 6. Princípios
bíblicos 7. Vida cristã I. Título.

24-232044   CDD-248.4

Índices para catálogo sistemático:

1. Princípios bíblicos : Vida cristã   248.4

Aline Graziele Benitez - Bibliotecária - CRB-1/3129

FAVOR SEM LIMITE
7 Princípios para viver do Favor de Deus

VICENTE NETO

ISBN: 978-65-01-18333-6
1ª edição, outubro de 2024.

SUMÁRIO

"Dedico este livro aos meus amados pais, José da Luz Josimar dos Santos e Rosita Rodrigues de Sousa Santos, e aos meus queridos irmãos, Josimar Rodrigues Santos e Josenildo Rodrigues dos Santos. Dedico também a todos os meus amigos, em especial Wesllen Douglas e Larissa Beatriz cuja colaboração foi fundamental para que este livro se tornasse uma realidade."

AGRADECIMENTOS

Minha eterna gratidão a Deus, que me concedeu saúde, fé e sabedoria para compreender e aplicar os princípios que guiaram a escrita deste livro. Seu amor, Sua graça e direção tornaram tudo isso possível.

Aos meus pais, José da Luz Josimar dos Santos e Rosita Rodrigues de Sousa Santos, minha gratidão profunda. A criação amorosa e dedicada que recebi deles me ensinou o valor da honra e moldou quem sou hoje. Cada princípio que carrego é um reflexo direto dos valores que me transmitiram. Ao honrá-los, também celebro as gerações que me precederam; herdei parte de quem sou da essência de cada um, e, assim, sou o fruto de um legado de vidas e histórias que se conectam através do tempo e da perseverança.

Agradeço também aos meus irmãos, Josimar Rodrigues Santos e Josenildo Rodrigues dos Santos, que sempre estiveram ao meu lado, oferecendo apoio e amor incondicional. Vocês são parte fundamental da minha jornada, e a força que recebo de vocês me impulsiona a seguir adiante.

Sou profundamente grato aos amigos que

caminham comigo, especialmente ao casal Wesllen Douglas e Larissa Ribeiro, junto com seus filhos Kauan Felype e Kauê Davi, e também a José Salles, Leandro Albuquerque, Daniel (Fartura na Voz), Eliane Barros e Jocélio Guimarães. Cada um de vocês tem um papel único na minha história, e sua presença é um pilar de apoio constante.

Meu reconhecimento vai também aos meus clientes, que confiam no meu trabalho e acreditam no meu propósito. Agradeço a todos que, de alguma forma, contribuíram para a construção deste projeto. Cada influência e cada apoio foram essenciais para que este livro se tornasse realidade.

Por fim, não posso deixar de expressar minha gratidão a Cíntia Rodrigues e Jessica Rocha pelo suporte incondicional, e a Pablo Marçal, assim como a todos os mentores que marcaram minha trajetória, por me ajudarem a expandir minha mentalidade. À turma do Clube do Livro, que teve um papel significativo no meu crescimento, e a Davi Araújo, que com tanto talento capturou minhas fotos profissionais. Cada um de vocês é parte dessa jornada de transformação e aprendizado.

Grande Abraço,

Vicente Neto

PREFÁCIO

Quando o Vicente me conheceu no Piauí, muita gente disse para ele não confiar em mim. Diziam que eu era "maloqueiro", que eu não era alguém em quem ele deveria apostar. Mas, como sempre fez em sua vida, Vicente seguiu seu próprio coração e nunca se importou com esses comentários. Ele decidiu confiar em mim, e foi assim que nossa amizade começou.

O que se seguiu foi uma das maiores demonstrações do favor de Deus em minha vida. Vicente não só se tornou um amigo, mas um verdadeiro irmão. Em momentos em que muitos teriam se afastado, ele se manteve firme ao meu lado. Sua generosidade, fé e lealdade me mostraram o que significa viver segundo os princípios que ele compartilha neste livro.

Lembro-me de passar por desafios financeiros e pessoais que me fizeram questionar muitas coisas, mas Vicente sempre esteve lá para me apoiar. Ele me ajudou a ver além das dificuldades e me ensinou a confiar mais profundamente em Deus. Vicente vivia o favor de Deus, não apenas em palavras, mas em ações. Ele demonstrava, dia após dia, que o favor divino está disponível para todos nós, desde que estejamos dispostos a aplicá-lo em nossas vidas.

Por outro lado, tive o privilégio de retribuir essa amizade em momentos em que ele também precisou de apoio. Enfrentamos lutas juntos, e foi em meio a essas provações que nossa amizade foi forjada. Aprendi com Vicente que o verdadeiro favor de Deus se revela através das pessoas que Ele coloca em nosso caminho, e não há dúvida de que Deus nos uniu para um propósito maior.

Este livro, "Favor Sem Limite", é um reflexo da vida que Vicente leva. Ele compartilha aqui os princípios que aplicou em sua própria jornada e que podem, sem dúvida, transformar a sua vida também. As lições que ele nos ensina vêm de experiências reais, de fé genuína e de uma confiança inabalável no Senhor.

Espero que, ao mergulhar nestas páginas, você seja tocado pelo favor de Deus, assim como eu fui ao longo dos anos em que conheci Vicente. Este livro é mais do que uma coleção de ensinamentos; é um convite para experimentar o favor de Deus de forma ilimitada. Que esta leitura seja uma bênção em sua vida, assim como Vicente e sua amizade foram uma bênção na minha.

Com gratidão e honra,

Wesllen Douglas

INTRODUÇÃO

Escrevi este livro com o intuito de ajudar pessoas a entender o porquê de acessar o favor de Deus. Tenho vivido o extraordinário desde que comecei a entender princípios que me permitiram experimentar o favor de Deus. Somos filhos amados de Deus e o Seu favor já nos foi dado. Entender isso é o primeiro passo para você acessar o que já é seu. 1ª João 3:2-3 diz:

> *"Amados, agora somos filhos de Deus, e ainda não se manifestou o que haveremos de ser. Mas sabemos que, quando Ele aparecer, haveremos de ser semelhantes a Ele; porque haveremos de vê-Lo assim como Ele é. E qualquer homem que tem Nele esta esperança purifica-se a si mesmo, assim como Ele é puro."*

Não quero que este livro seja apenas mais um na sua prateleira, mas que seja um livro no qual você viverá experiências e terá uma vida transformada. No decorrer da leitura, trago princípios, ensinamentos, experiências e "tarefas" que, ao serem colocadas em prática, ajudarão você a acessar o próximo nível e a acelerar os seus resultados de forma exponencial. No final desta leitura, você será uma nova pessoa, e eu convido você a levar a mensagem do Reino adiante, pois aquele que retém não reina.

O favor de Deus é um conceito muitas vezes mal compreendido. Muitos veem o favor de Deus como algo que precisa ser conquistado ou merecido, mas a verdade é que o favor de Deus já foi concedido a nós através de Jesus Cristo. A chave para acessar esse favor está em compreender e aplicar os princípios que Deus nos deu através de Sua Palavra. Este livro é um guia para ajudá-lo a entender esses princípios e a aplicá-los em sua vida diária.

Primeiramente, é importante entender que somos filhos de Deus. Essa identidade é fundamental para acessar o favor de Deus. Como filhos, temos direito a todas as bênçãos que Deus tem para nós. No entanto, muitos de nós vivemos como órfãos espirituais, desconhecendo os benefícios que nos foram dados. A Bíblia nos diz em João 1:12 que *"a todos quantos o receberam, deu-lhes o poder de serem feitos filhos de Deus, aos que crêem no seu nome."* Quando recebemos Jesus Cristo como nosso Salvador, somos adotados na família de Deus e recebemos o direito de sermos chamados Seus filhos.

Entender nossa identidade como filhos de Deus nos dá a confiança para nos aproximarmos Dele com fé e ousadia. Em Hebreus 4:16, somos encorajados a *"chegar com confiança ao trono da graça, para que possamos alcançar misericórdia e achar graça a fim de sermos ajudados em tempo de necessidade."* Saber que somos filhos de Deus nos permite pedir e esperar pelo favor Dele em nossas vidas.

"Porque pela graça sois salvos, por meio da fé; e isso não vem de vós; é dom de Deus. Não vem das obras, para que ninguém se glorie."

Efésios 2:8-9

Um aspecto fundamental do favor de Deus é a compreensão de Sua graça. A graça é o favor imerecido de Deus. É através da graça que somos salvos e pela graça recebemos todas as bênçãos espirituais. Efésios 2:8-9 diz: *"Porque pela graça sois salvos, por meio da fé; e isso não vem de vós; é dom de Deus. Não vem das obras, para que ninguém se glorie."* A graça de Deus não pode ser comprada ou conquistada; é um presente gratuito que Ele nos dá por amor.

No entanto, para experimentar plenamente o favor de Deus, precisamos viver de acordo com Seus princípios. Isso envolve uma vida de obediência, fé e confiança em Deus. A Bíblia está repleta de promessas de Deus para aqueles que seguem seus caminhos. Em Deuteronômio 28:1-2, lemos: *"E será que, se ouvires a voz do Senhor teu Deus, tendo cuidado de guardar todos os seus mandamentos que eu hoje te ordeno, o Senhor teu Deus te exaltará sobre todas as nações da terra. E todas estas bênçãos virão sobre ti e te alcançarão, quando ouvires a voz do Senhor teu Deus."*

A obediência a Deus é um dos principais caminhos para acessar Seu favor. Isso não significa que precisamos ser perfeitos, mas que devemos ter um coração disposto a seguir Seus mandamentos e a viver de acordo com Seus princípios. Deus conhece nossas fraquezas e falhas, mas Ele busca corações sinceros e dispostos a obedecer.

Outro princípio importante é a fé. A fé é a chave que abre as portas para o favor de Deus. Em Hebreus 11:6, lemos que *"sem fé é impossível agradar a Deus, porque é necessário que aquele que se aproxima de Deus creia que Ele existe e que é galardoador dos que o buscam."* A fé nos permite ver além das circunstâncias e acreditar nas promessas de Deus, mesmo quando elas parecem impossíveis.

A confiança em Deus é também essencial.

Provérbios 3:5-6 nos exorta: *"Confia no Senhor de todo o teu coração, e não te estribes no teu próprio entendimento. Reconhece-O em todos os teus caminhos, e Ele endireitará as tuas veredas."* Confiar em Deus significa entregar nossas preocupações, medos e ansiedades a Ele, sabendo que Ele cuida de nós e tem um plano perfeito para nossas vidas.

Ao longo deste livro, você encontrará histórias e testemunhos de pessoas que experimentaram o favor de Deus de maneiras extraordinárias. Essas histórias servem como inspiração e encorajamento para você também buscar e viver o favor de Deus. Além disso, cada capítulo inclui práticas e "tarefas" que você pode aplicar em sua vida diária para ajudar a fortalecer sua fé e aumentar sua expectativa pelo favor de Deus.

O favor de Deus não é algo que podemos merecer, mas algo que podemos aprender a acessar e viver diariamente. Este livro é um convite para você embarcar em uma jornada de transformação espiritual, onde você aprenderá a reconhecer e a viver sob o favor de Deus. Que cada princípio, ensinamento e tarefa contidos neste livro sirvam para fortalecer sua fé, renovar sua mente e transformar sua vida.

Espero que, ao final desta leitura, você não seja apenas um leitor, mas sim um praticante da Palavra, vivendo uma vida cheia do favor de Deus. Que você possa experimentar a paz, a alegria e a prosperidade que vêm de viver conforme os princípios divinos. E, acima de tudo, você possa levar essa mensagem adiante, compartilhando com outros o que aprendeu e experimentou, para que eles também possam acessar o favor de Deus e viver vidas transformadas.

A leitura deste livro é uma jornada espiritual que visa não apenas informar, mas transformar. Cada princípio aqui apresentado é uma chave que pode abrir novas portas de bênçãos e oportunidades em sua vida. À medida que você se dedica a aplicar esses ensinamentos, verá mudanças significativas em sua caminhada com Deus e em todas as áreas da sua vida. Que Deus abençoe ricamente a sua leitura e prática deste livro, e que você possa experimentar a plenitude do favor de Deus em sua vida.

Ao embarcar nesta leitura, é importante reconhecer que acessar o favor de Deus é um processo contínuo de crescimento e amadurecimento espiritual. Não se trata de um evento único, mas de uma transformação constante de vosso entendimento à medida que aprofundamos nosso relacionamento com Deus e aplicamos Seus princípios em nossas vidas diárias. Cada passo nessa caminhada nos aproxima mais de Deus e nos permite experimentar Suas bênçãos de maneiras cada vez mais profundas e significativas.

Um dos objetivos deste livro é equipá-lo com ferramentas práticas e espirituais para que você possa viver plenamente no favor de Deus. Isso inclui desenvolver uma mentalidade de gratidão, cultivar um coração ensinável, praticar a lealdade e a fidelidade, e estar disposto a servir aos outros com generosidade e amor. Cada um desses aspectos é essencial para uma vida abundante em Cristo e para acessar o favor de Deus em todas as áreas da sua vida.

A gratidão é uma prática poderosa que transforma nossa perspectiva e nos ajuda a ver a mão de Deus em todas as coisas. Quando somos gratos, reconhecemos as bênçãos que já recebemos e abrimos nossos corações para receber ainda mais. A gratidão nos ajuda a focar no que temos, em vez do que nos falta, e nos lembra que todas as boas dádivas vêm de Deus. Como diz Tiago 1:17: *"Toda boa dádiva e todo dom perfeito vem do alto, descendo do Pai das luzes, em quem não há mudança nem sombra de variação."*

Cultivar um coração ensinável é outro aspecto fundamental para viver no favor de Deus. Um coração ensinável está sempre aberto a aprender, crescer e se transformar. É reconhecer que não sabemos tudo e que sempre há mais para aprender sobre Deus e Seus caminhos. Como diz Provérbios 1:5: *"O sábio ouvirá e crescerá em conhecimento, e o entendido adquirirá sábios conselhos."* Um coração ensinável nos permite ser moldados e guiados por Deus, levando-nos a uma vida de sabedoria e compreensão espiritual.

A lealdade e a fidelidade são qualidades que Deus valoriza profundamente. Ser leal a Deus significa obedecer aos Seus mandamentos e seguir Seus caminhos, mesmo quando isso é difícil ou impopular. A fidelidade implica em manter nossa confiança em Deus e em Suas promessas, independentemente das circunstâncias. Em 1 Coríntios 4:2, lemos: *"Ora, além disso, o que se requer dos despenseiros é que cada um seja encontrado fiel."* Deus busca em nós corações leais e fiéis, dispostos a seguir a Sua vontade em todas as áreas de nossas vidas.

Servir aos outros é uma expressão prática do amor de Deus e uma maneira poderosa de acessar o favor Dele. Jesus nos deu o exemplo supremo de serviço ao lavar os pés dos discípulos e sacrificar Sua vida por nós. Em Marcos 10:45, Jesus disse: *"Porque o Filho do homem também não veio para ser servido, mas para servir, e para dar a sua vida em resgate de muitos."* Quando servimos aos outros com amor e generosidade, estamos refletindo o coração de Deus e abrindo portas para Suas bênçãos em nossas vidas.

Além desses princípios, a fé e a confiança são essenciais para acessar o favor de Deus. A fé nos permite acreditar nas promessas de Deus, mesmo quando não podemos vê-las. A confiança nos ajuda a descansar na certeza de que Deus está no controle e que Ele está trabalhando todas as coisas para o nosso bem. Em Romanos 8:28, lemos: *"E sabemos que todas as coisas contribuem juntamente para o bem daqueles que amam a Deus, daqueles que são chamados segundo o seu propósito."* A fé e a confiança em Deus nos capacitam a enfrentar os desafios com coragem e esperança, sabendo que Ele é fiel para cumprir Suas promessas.

No decorrer deste livro, você será desafiado a aplicar esses princípios em sua vida de maneira prática e consistente. Cada capítulo oferece insights e tarefas que visam ajudá-lo a crescer espiritualmente e a experimentar o favor de Deus de forma mais plena. Ao seguir esses ensinamentos, você verá mudanças significativas não apenas em sua vida espiritual, mas também em suas relações, trabalho, saúde e bem-estar.

É importante lembrar que o favor de Deus não significa ausência de desafios ou dificuldades. Pelo contrário, muitas vezes é nos momentos de adversidade que mais experimentamos a graça e o poder de Deus. A perseverança e a resiliência são qualidades que desenvolvemos quando enfrentamos e superamos os obstáculos com fé. Tiago 1:2-4 nos encoraja: *"Meus irmãos, tende por motivo de grande gozo o passardes por várias provações, sabendo que a prova da vossa fé produz perseverança. E a perseverança tenha a sua obra perfeita, para que sejais perfeitos e completos, sem faltar em coisa alguma."* Através das provações, nossa fé é refinada e fortalecida, permitindo-nos crescer e amadurecer espiritualmente.

No final desta leitura, minha esperança é que você se sinta encorajado e equipado para viver uma vida cheia do favor de Deus. Que você possa experimentar a plenitude das bênçãos que Ele tem para você e que, através do seu testemunho, outros possam ser inspirados a buscar e viver o favor de Deus em suas próprias vidas. Lembre-se de que você é um filho amado de Deus e que Ele deseja derramar a Seu favor sobre você de maneiras extraordinárias.

Como filhos de Deus, somos chamados a ser luz no mundo, refletindo o amor e a graça de nosso Pai celestial. Que este livro seja uma ferramenta para ajudá-lo a brilhar ainda mais intensamente, impactando positivamente todos ao seu redor. Que você possa viver segundo os princípios divinos, experimentando uma vida abundante e plena em Cristo. E que, acima de tudo, você possa levar essa mensagem adiante, compartilhando o amor de Deus e o poder transformador do Seu favor com todos que encontrar.

Este livro é mais do que uma leitura; é um convite para uma vida transformada pelo poder de Deus. Que você aceite esse convite de coração aberto, disposto a aprender, crescer e viver uma vida que glorifica a Deus em tudo. Que Deus o abençoe ricamente enquanto você embarca nesta jornada de fé e descoberta, e que o favor de Deus seja evidente em cada área da sua vida.

Boa leitura!

> *"E sabemos que todas as coisas contribuem juntamente para o bem daqueles que amam a Deus, daqueles que são chamados segundo o seu propósito."*

Romanos 8:28

CAPÍTULO 01

HONRA

"Dai honra a quem tem honra"

Dai honra a quem tem honra é uma instrução bíblica encontrada em Romanos 13:7, onde o apóstolo Paulo exorta os cristãos a renderem honra àqueles que são dignos dela. Esta mensagem nos chama a reconhecer e valorizar aqueles que, por seus méritos e posições, merecem nosso respeito e reverência. Isso inclui nossos pais, autoridades constituídas e todas as pessoas que desempenharam um papel significativo em nossas vidas.

A BASE DA HONRA:
RECONHECENDO A SOBERANIA DE DEUS

Antes de tudo, a honra deve ser dada a Deus. A Bíblia ensina que Ele é a fonte de toda vida e de todas as bênçãos que desfrutamos. Como Criador do universo e de todas as coisas nele contidas, Deus merece nossa mais profunda reverência, gratidão e adoração. A honra a Deus é a base de todo o nosso relacionamento com Ele e com os outros. Reconhecemos que Ele é soberano sobre todas as coisas e que nossa existência e sustento dependem inteiramente dele. O salmista expressa isso de maneira eloquente em Salmos 95:6-7, ao declarar: *"Vinde, adoremos e prostremo-nos; ajoelhemos diante do Senhor, que nos criou. Porque ele é o nosso Deus, e nós o povo do seu pasto e ovelhas da sua mão."*

Ao honrarmos a Deus em primeiro lugar, reconhecemos sua supremacia em nossas vidas e demonstramos nossa confiança em seu cuidado e provisão. Isso também nos coloca em uma postura de humildade, reconhecendo que somos dependentes dele para todas as coisas. Portanto, antes de honrarmos qualquer outra pessoa ou autoridade, é essencial que coloquemos Deus em primeiro lugar em nossas vidas, reconhecendo sua supremacia, adorando-o com reverência e vivendo em obediência aos seus mandamentos.

"Para que te vá bem, e vivas muito tempo sobre a terra."

Efésios 6:3

HONRANDO NOSSOS PAIS:
UM MANDAMENTO COM PROMESSA

A Bíblia nos instrui a honrar nossos pais. Este mandamento é reiterado tanto no Antigo como no Novo Testamento. Em Êxodo 20:12, lemos: *"Honra a teu pai e a tua mãe, para que se prolonguem os teus dias na terra que o SENHOR teu Deus te dá."* Este mandamento é reforçado em Efésios 6:1-4: *"Filhos, obedecei a vossos pais no Senhor, porque isto é justo. Honra a teu pai e a tua mãe, (que é o primeiro mandamento com promessa), para que te vá bem, e vivas muito tempo sobre a terra. E vós, pais, não provoqueis a ira a vossos filhos, mas criai-os na disciplina e admoestação do Senhor."* Este mandamento vem com uma promessa: "para que te vá bem, e vivas muito tempo sobre a terra." Essa promessa destaca a ligação entre o respeito aos pais e uma vida longa e próspera. Quando honramos nossos pais, estamos seguindo uma ordem divina que promove a estabilidade familiar e a bênção de Deus sobre nossas vidas.

Compartilho minha própria experiência de não ter conhecido meu pai biológico. Minha mãe engravidou enquanto ainda namorava ele. Ao descobrir que ela estava grávida, ele terminou o relacionamento e desapareceu. Essa ausência impactou drasticamente minha relação com Deus como Pai. Só consegui compreender isso em 2023, durante uma conversa com Saulo Rinaldi sobre o Reino de Deus. Saulo me ajudou a perceber que a ausência e a rejeição de meu pai biológico afetaram minha visão de paternidade, inclusive em relação a Deus. Essa conversa profunda trouxe uma compreensão mais ampla de minhas próprias lutas internas e abriu caminho para o perdão e a cura. Entendi que meu pai biológico agiu com base no entendimento e conhecimento que ele tinha na época, e isso é aceitável. Todos somos passíveis de erros. Hoje, eu o perdoo e o honro como pai.

Não importa o passado do seu pai, o que ele fez ou deixou de fazer, ele é seu pai. Convido você a usar toda essa angústia como combustível para levar a mensagem a outras pessoas. Multidões serão libertas com sua história. Quando entendi isso, comecei a me sentir mais próximo de Deus, a me sentir filho dele, amado e aceito por ele. E você, que está lendo este livro, também é amado por Deus.

A honra é um conceito complexo e multifacetado que se refere a um conjunto de valores e princípios éticos que orientam o comportamento de uma pessoa. É a qualidade de ser honesto, justo e ter integridade moral. A honra envolve cumprir promessas, agir de acordo com os próprios valores e crenças, e respeitar os outros e a si mesmo. Também pode estar relacionada ao reconhecimento e respeito que uma pessoa ganha na sociedade devido ao seu caráter e ações virtuosas. Em muitas culturas, a honra está intimamente ligada à reputação e ao prestígio, sendo um dos pilares fundamentais da dignidade humana.

Honrar a Deus, pais e autoridades traz inúmeras consequências positivas. Entre elas, bênçãos espirituais e materiais, paz interior e direção. Isaías 26:3 afirma: *"Tu conservarás em paz aquele cuja mente está firme em ti, porque ele confia em ti."* A honra também fortalece a relação pessoal com Deus, trazendo uma vida longa e próspera. A harmonia familiar e a estabilidade social são outras consequências positivas. Romanos 13:1-2 enfatiza a importância de submeter-se às autoridades, pois estas são instituídas por Deus para manter a ordem. Honrar as autoridades contribui para a estabilidade e o bom funcionamento da sociedade. Além disso, a proteção e justiça divina são garantidas. Por fim, honrar a Deus, pais e autoridades resulta em um bom testemunho cristão. Quando seguimos esses princípios, vivemos de maneira que reflete nossa fé e respeito pelos ensinamentos divinos. Isso é essencial para construir um caráter sólido e uma reputação que glorifica a Deus. Através da honra, estabelecemos um exemplo de vida que inspira e motiva outros a seguir o mesmo caminho de respeito e reverência a Deus e às autoridades que Ele instituiu.

Entender e praticar a honra é essencial para uma vida plena e abençoada. Ao honrar a Deus, nossos pais e as autoridades, seguimos um caminho de integridade, respeito e gratidão. Isso não só nos aproxima de Deus, mas também nos proporciona uma vida harmoniosa e próspera. Que possamos sempre lembrar de dar honra a quem tem honra, vivendo conforme os princípios divinos e sendo exemplos de fé e respeito em nossas vidas diárias.

Entender a importância da honra e aplicá-la em nossas vidas diárias pode ser desafiador, especialmente quando temos conflitos ou sentimentos negativos em relação às figuras de autoridade. Aqui estão alguns conselhos para ajudar aqueles que estão lutando para honrar seus pais ou outras autoridades.

Primeiro, é essencial reconhecer que honrar é um princípio bíblico fundamental. A Bíblia nos ensina que todas as autoridades foram constituídas por Deus. Romanos 13:1-2 diz: *"Toda pessoa esteja sujeita às autoridades superiores; porque não há autoridade que não venha de Deus; e as autoridades que há foram ordenadas por Deus. Por isso, quem resiste à autoridade resiste à ordenação de Deus; e os que resistem trarão sobre si mesmos a condenação."*

Este reconhecimento pode ser o primeiro passo para superar a resistência interna. Quando entendemos que honrar nossos pais e autoridades é uma forma de obedecer e agradar a Deus, podemos encontrar a motivação necessária para mudar nossa atitude. Comece praticando pequenos atos de reverência e respeito diariamente. Isso pode incluir ouvir atentamente quando seus pais ou autoridades estão falando, evitando interrupções e respondendo com educação e consideração. Expresse gratidão pelas contribuições e sacrifícios feitos por seus pais e autoridades em sua vida. Um simples "obrigado" pode ter um impacto significativo. Siga as orientações e conselhos dados por seus pais e autoridades, desde que não conflitem com os princípios bíblicos. A obediência é uma forma prática de demonstrar honra. Se há mágoas ou ressentimentos, busque o perdão. Perdoar não significa esquecer ou ignorar o que foi feito, mas liberar o peso do rancor para seguir em frente de maneira mais leve e saudável. Sempre que possível, reconheça publicamente as qualidades e contribuições positivas de seus pais e autoridades. Isso não só fortalece a relação, mas também incentiva outros a fazerem o mesmo.

Honrar os pais e autoridades pode transformar profundamente nossas vidas. Quando incorporamos a honra em nosso dia a dia, não apenas seguimos um mandamento bíblico, mas também criamos uma cultura de respeito e gratidão ao nosso redor. Isso pode inspirar outros a fazerem o mesmo, promovendo um ambiente mais harmonioso e colaborativo.

A honra não é apenas um ato isolado, mas um estilo de vida que deve permear todas as nossas ações e interações. Ao honrarmos Deus, nossos pais e as autoridades, demonstramos nosso amor e respeito pelos princípios divinos. Isso nos ajuda a construir uma vida que glorifica a Deus e serve de exemplo para os outros.

Lembre-se sempre de que a honra começa com o reconhecimento da soberania de Deus em nossas vidas. Ao colocá-Lo em primeiro lugar e seguir Seus mandamentos, podemos viver de maneira que honre a

Ele e a todas as figuras de autoridade em nossas vidas. Que possamos sempre buscar viver com integridade, respeito e gratidão, refletindo a luz de Cristo em todas as nossas ações.

PRÁTICAS DIÁRIAS

Desenvolver um coração de honra, podemos adotar práticas diárias que nos ajudem a manter essa atitude. Desenvolva um diário de gratidão, escrevendo diariamente sobre as pessoas e situações pelas quais você é grato. Isso pode incluir seus pais, autoridades e outros que você deseja honrar. Refletir sobre essas bênçãos pode ajudar a cultivar um coração de honra e gratidão. Planeje e execute ações concretas que demonstrem honra. Pode ser uma carta de agradecimento, um gesto de serviço ou um reconhecimento público das contribuições de alguém em sua vida. Reserve um tempo diário para meditar nas Escrituras que falam sobre honra e orar pedindo a Deus que lhe dê um coração disposto a honrar os outros conforme Seus mandamentos. Converse com mentores ou líderes espirituais sobre formas práticas de viver uma vida de honra. Ouvir as experiências e conselhos de outros pode fornecer novas perspectivas e estratégias. Regularmente, avalie suas próprias atitudes e ações em relação à honra. Pergunte a si mesmo se está vivendo de acordo com os princípios de honra que a Bíblia ensina e faça ajustes conforme necessário.

Ao seguir esses desafios práticos e refletir sobre os princípios de honra, podemos viver vidas que verdadeiramente glorificam a Deus e inspiram aqueles ao nosso redor a fazer o mesmo. Honra é mais do que um simples conceito; é um chamado divino para viver de maneira que refletem a natureza e o caráter de Cristo em todas as nossas interações.

AÇÕES QUE IMPACTAM

1. Faça uma lista de pessoas que merecem sua honra e respeito, como seus pais, mentores e autoridades, e expresse sua gratidão a elas de forma concreta.

---

2. Reserve um tempo diário para orar e honrar a Deus, reconhecendo Sua supremacia e expressando sua gratidão por Suas bênçãos.

3. Pratique a obediência aos mandamentos de Deus em sua vida diária, buscando viver de maneira que honre a Ele e aos outros ao seu redor.

CAPÍTULO 02

POSICIONAMENTO

"Se posicionar em Deus"

Posicionar-se em Deus é fundamental para viver plenamente os propósitos divinos. Quando nos posicionamos para receber as dádivas de Deus, nos colocamos em um lugar onde a sabedoria e a direção divina podem fluir livremente em nossas vidas. Este capítulo começa com uma pergunta essencial: **você está verdadeiramente se posicionando para receber o que Deus tem para você?**
Se não, o que está faltando?

Deus espera de nós um posicionamento sábio e corajoso. Mesmo que estejamos sem força, Ele nos chama para agir conforme Sua vontade. Quando Ele nos chama, a força para seguir Seu caminho também vem Dele. Deus é a Fonte. Em Apocalipse 3:20, Jesus diz: *"Eis que estou à porta e bato; se alguém ouvir a minha voz e abrir a porta, entrarei e cearei com ele, e ele comigo".* Esta passagem nos lembra que é necessário um posicionamento de nossa parte: **abrir a porta para Cristo entrar.** Ele quer que demos o primeiro passo de fé. Não podemos ficar parados esperando que Deus faça tudo por nós; precisamos agir como filhos de

Deus. Já somos filhos de Deus; então, devemos nos posicionar como tal.

Foi em um momento decisivo que percebi a necessidade de mudar minha vida. Embora já fizesse parte da igreja evangélica por mais de oito anos, ainda não me posicionava verdadeiramente como filho de Deus.. Comecei a refletir sobre a pergunta inicial deste capítulo e percebi que precisava me lembrar diariamente de quem sou em Deus. 1 João 3:2-3 diz: *"Amados, agora somos filhos de Deus, e ainda não se manifestou o que haveremos de ser. Mas sabemos que quando ele aparecer, haveremos de ser semelhantes a ele; porque haveremos de vê-lo assim como ele é. E qualquer homem que tem nele esta esperança purifica-se a si mesmo, assim como ele é puro".* Essa passagem trouxe clareza sobre minha identidade. Comecei a me perguntar se minhas ações refletiam a de um verdadeiro filho de Deus, não no sentido religioso, mas vivendo o estilo de vida de Cristo.

Após essa decisão, comecei a direcionar todas as minhas ações para Deus, em vez de agradar aos homens, pois um filho sempre está pronto para servir o pai, indo um pouco mais a fundo também fiz a seguinte pergunta: por que eu não tinha um bom relacionamento de filho para com o pai? Essa pergunta me fez entender muitas coisas. Pois a resposta dela está atrelada ao relacionamento com meu pai biológico. Assim como escrevo no capitulo 1, não tive um relacionamento paterno com meu pai biológico.

"E disse Deus; façamos um homem à nossa imagem, conforme a nossa semelhança; e que eles tenham domínio sobre peixes do mar, e sobre as aves do céu, e sobre o gado, e sobre toda a terra, e sobre todas a coisas rastejante que rasteja sobre a terra."

Gênesis 1:26

Quando comecei a entender que eu sou filho amado de Deus, comecei a ler a bíblia de outro maneira, como um manual de instrução que o Pai deixa para o filho, e vendo a passagem de Gênesis 1:26 "E disse Deus; façamos um homem à nossa imagem, conforme a nossa semelhança; e que eles tenham domínio sobre peixes do mar, e sobre as aves do céu, e sobre o gado, e sobre toda a terra, e sobre todas a coisas rastejante que rasteja sobre a terra" aqui eu tive clareza de quem eu sou, e para que eu vim ao mundo, e o que estava me faltando era apenas me posicionar como o Filho de Deus, e governar sobre todas as coisas, assim como ele deixou instruído no seu manual da vida, A Bíblia.

É crucial ter clareza sobre a importância do posicionamento em todas as áreas da vida. Deus nos fez para governar na terra, e isso é deixado claro em Gênesis 1:26. Para ajudar nisso, aqui estão algumas práticas diárias que reforçam nossa identidade em Deus:

REPETIÇÃO DIÁRIAS PARA TRAZER CLAREZA AO SUBCONSCIENTE.

- *Eu sou filho de Deus e me posiciono como tal todos os dias.*
- *Eu sou a imagem e semelhança do Criador e reflito Sua glória em minha vida.*
- *Eu sou amado por Deus e recebo Seu amor incondicional.*

- *A sabedoria e a direção divina fluem livremente em minha vida.*
- *Eu abro a porta do meu coração para Cristo entrar e cear comigo.*
- *Eu me purifico diariamente para viver o estilo de vida de Cristo.*
- *Eu sirvo ao meu Pai Celestial com dedicação e amor.*
- *Deus me deu autoridade para governar sobre todas as coisas na terra.*
- *Eu caminho na força que Deus me concede para cumprir Seu propósito.*
- *Minha identidade está firmada em Deus, e nada pode abalar essa verdade.*

Essas frases devem ser repetidas diariamente para trazer clareza ao subconsciente sobre nossa verdadeira identidade. Precisamos internalizar esse posicionamento, pois tudo que precisamos está dentro de nós. Deus já nos fez completos, mas à medida que crescemos e vivenciamos experiências, adquirimos crenças limitantes e bloqueios familiares que nos fazem acreditar que determinados objetivos são impossíveis ou distantes. Isso ocorre devido à repetição diária de certas palavras e frases, o que nos impede de nos posicionar quando deveríamos.

Este capítulo tem como objetivo encorajá-lo a se posicionar como filho de Deus, a parar de se esconder e a entregar-se ao Senhor e aos Seus caminhos.

BENEFÍCIOS DE POSICIONAR EM DEUS.

Existem inúmeros benefícios em se posicionar em Deus. Um deles é;

CAMINHOS ENDIREITADOS:

Provérbios 3:5-6 diz: "Confie no Senhor de todo o seu coração e não se apoie em seu próprio entendimento; reconheça o Senhor em todos os seus caminhos, e ele endireitará as suas veredas." Aqueles que confiam e reconhecem o Senhor, independentemente do passado, têm seus caminhos endireitados. Assim como um pai nunca abandona seu filho, Deus está sempre pronto para nos guiar quando reconhecemos nossa incapacidade de seguir sozinhos.

SABEDORIA DO ALTO:

Provérbios 2:6 afirma: "Porque o Senhor dá a sabedoria, e da sua boca vem o conhecimento e o entendimento". Se toda sabedoria vem do Senhor, por que não nos posicionamos como filhos de Deus?

DIREÇÃO:

Aqueles que temem o Senhor, recebem direção. Salmo 25:12 diz: "Quem é o homem que teme o Senhor? Ele o instruirá no caminho que deve seguir". O temor do Senhor não se refere a um medo paralisante, mas a um profundo respeito e reverência por Sua autoridade e santidade.

A promessa contida neste versículo é que aqueles que têm esse temor do Senhor serão guiados e instruídos por Ele no caminho certo a seguir. Isso significa que, quando nos aproximamos de Deus com humildade e reverência, Ele nos orienta, nos ensina e nos conduz em direção à sua vontade para nossas vidas.

CONFIANÇA:

Posicionar-se em Deus também traz confiança. Gênesis 28:15 diz: "E eis que eu estou contigo, e te guardarei em todos os lugares aos quais tu fores, e te trarei novamente a esta terra; pois eu não te deixarei, até que eu tenha feito aquilo que eu tenho falado". Assumir a posição de filho amado significa buscar constantemente a orientação do Pai.

Foi nesse período que passei a compreender as profundas mudanças que aconteceram em minha vida ao me posicionar de forma plena como filho de Deus. Antes, eu era apenas mais um jovem sem direção. Decidi buscar conhecimento e mudar minha mentalidade, pois entendi que todas as barreiras estavam na minha mente.

Em 2023, ao participar de uma plataforma de desenvolvimento pessoal, comecei a ter consciência de quem eu era. Foi nesse período que decidi me posicionar como filho de Deus. Entendi que um filho sempre obedece ao Pai. Comecei a fazer as coisas para Deus, e não para o homem. Durante esse período, tive um crescimento exponencial, acessando lugares e pessoas que jamais imaginaria. Fui honrado diversas vezes ao finalizar projetos com sucesso.

PRÁTICAS DIÁRIAS

Para manter-se firmemente posicionado na fé, algumas práticas diárias são essenciais. A leitura e a meditação na Bíblia são fundamentais. A Palavra de Deus é nosso guia e fonte de sabedoria. A oração é outra prática vital, pois através dela que nos comunicamos com Deus, expressamos nossas necessidades e ouvimos Sua voz. A adoração e o louvor nos ajudam a focar em Deus e a reconhecer Sua grandeza. Servir aos outros é uma forma prática de viver nossa fé e demonstrar o amor de Deus. O jejum também é uma prática importante, pois nos ajuda a nos concentrar em Deus e a buscar Sua direção. Além disso, praticar a gratidão o tempo todo nos mantém focados nas bênçãos de Deus e nos ajuda a cultivar um coração agradecido.

Os desafios e dúvidas são inevitáveis ao se posicionar em Deus. No entanto, entender que Deus nunca nos coloca em uma situação em que não somos capazes de resolver é fundamental. Quando Deus nos dá uma visão, e nos movemos em direção a ela, Ele nos fornece a provisão necessária.

Assumir a posição de imagem e semelhança do Criador e entender que somos filhos amados de Deus é transformador. 1 João 3:1 diz: "Vede que grande amor nos tem concedido o Pai, a ponto de sermos chamados filhos de Deus; e, de fato, somos filhos de Deus." Esta filiação nos dá segurança, valor e propósito, sabendo que somos cuidados e protegidos pelo nosso Pai celestial.

Para se posicionar firmemente em sua fé, recomendo práticas diárias como a leitura e meditação na Bíblia, oração, adoração e louvor, servir aos outros, jejum e praticar a gratidão o tempo todo. Essas práticas fortalecem nossa conexão com Deus e nos ajudam a seguir Seus caminhos.

AÇÕES QUE IMPACTAM

1. Defina suas prioridades espirituais e estabeleça metas claras para crescer em sua fé e compromisso com Deus.

____

____

____

2. Reserve um tempo diariamente para ler a Bíblia e orar, buscando a orientação de Deus para tomar decisões alinhadas com Seu propósito.

3. Avalie suas ações e escolhas, certificando-se de que estão em conformidade com a vontade de Deus e ajustando-as conforme necessário.

____

____

____

CAPÍTULO 03

CORAÇÃO ENSINÁVEL

"Confie no Senhor de todo o seu coração"

Durante muitos anos, eu acreditava ter um coração ensinável, mas, na verdade, apoiava-me constantemente no meu próprio entendimento. Resistia à ideia de mudar de opinião ou aceitar novos conhecimentos, mesmo quando minhas crenças já não faziam sentido. Minha convicção estava firmemente ancorada na frase ***"A PALAVRA É UMA SÓ"***. Embora eu ainda concorde que ***"A PALAVRA É UMA SÓ"***, percebi que reconhecer que estamos errados é um ato de sabedoria que abre caminho para novos horizontes.

Essa mudança de perspectiva começou quando li Provérbios 3:5: *"Confie no Senhor de todo o seu coração e não se apoie em seu próprio entendimento."* Esse versículo me fez perceber a importância de confiar plenamente em Deus, deixando de lado a autossuficiência. A clareza dessa mudança transformou minha forma de ver o mundo e me fez reconhecer a necessidade de ter um coração verdadeiramente ensinável. Passei a ser alguém que não se apoia apenas no próprio entendimento, mas confia no Senhor de todo o coração.

A Bíblia é um manual de vida deixado pelo nosso Pai. Devemos olhá-la não apenas com um olhar religioso, mas como um guia prático para acessar o favor de Deus, que já nos foi concedido, mas que precisamos aprender a acessar. Nenhuma palavra deste livro é em vão. Talvez você não concorde, e está tudo bem; cada um tem a vida que merece. No entanto, foram esses entendimentos que transformaram a minha história.

Adotar uma perspectiva ensinável significa reconhecer nossas limitações e buscar orientação divina. Um coração ensinável nos permite crescer, aprender e nos adaptar continuamente, seguindo os caminhos que Deus preparou para nós. Isso não apenas enriquece nossa caminhada espiritual, mas também nos dá força e resiliência para enfrentar os desafios da vida.

"Acima de tudo, guarde o seu coração, pois dele depende toda a sua vida."

Provérbios 4:23

Além disso, a Bíblia nos ensina a importância de guardarmos o nosso coração. Em Provérbios 4:23, está escrito: *"Acima de tudo, guarde o seu coração, pois dele depende toda a sua vida."* Esse versículo nos lembra da necessidade de proteger nossas emoções e pensamentos, mantendo um coração puro e receptivo à sabedoria divina.

CULTIVANDO UM CORAÇÃO ENSINÁVEL

Cultivar um coração ensinável é essencial para quem busca uma vida plena e significativa. A Bíblia, como um guia dado por Deus, oferece as instruções necessárias para alcançar esse crescimento. Ao nos abrirmos para o aprendizado contínuo e confiarmos no Senhor, encontramos um propósito maior e vivemos uma vida alinhada com os planos divinos. A Bíblia não é apenas um conjunto de regras ou uma tradição a ser seguida cegamente. Ela é um convite a uma relação profunda com Deus, uma oportunidade de crescimento e transformação contínua. Ao nos abrirmos para esse ensinamento e confiarmos plenamente no Senhor, encontramos a sabedoria e a clareza necessárias para trilhar o caminho que Ele preparou para nós. Essa mudança de perspectiva não só enriqueceu minha fé, mas também trouxe um novo significado e propósito à minha vida.

Reconhecer a importância de ter um coração ensinável é o primeiro passo para um crescimento exponencial. Este reconhecimento implica humildade e abertura para aprender e se transformar. Quando admitimos que não sabemos tudo e que há sempre espaço para novas descobertas e insights, abrimos a porta para um crescimento significativo e contínuo em todas as áreas de nossa vida.

Ter um coração ensinável nos permite receber conselhos, correções e ensinamentos com gratidão e discernimento. Ao adotar essa postura, nos colocamos em uma posição de constante aprendizado, o que é essencial para o desenvolvimento pessoal, profissional e espiritual. Pessoas com um coração ensinável são mais propensas a alcançar sucesso e realização, pois estão dispostas a ouvir, aprender e aplicar novos conhecimentos.

A Bíblia nos ensina sobre a importância de guardarmos o nosso coração. Em Provérbios 4:23, está escrito: *"Acima de tudo, guarde o seu coração, pois dele depende toda a sua vida."* Esse versículo nos lembra da necessidade de proteger nossas emoções e pensamentos, mantendo um coração puro e receptivo à sabedoria e ao entendimento divino. Quando temos um coração ensinável e estamos abertos à orientação de Deus, experimentamos um crescimento espiritual profundo e duradouro.

Um coração ensinável nos ajuda a desenvolver empatia e compreensão. Ao ouvir e aprender com as experiências e perspectivas dos outros, nos tornamos mais compreensivos e compassivos. Essa abertura para o aprendizado contínuo também nos capacita a enfrentar desafios e adversidades com resiliência, pois estamos sempre dispostos a aprender com as dificuldades e a buscar soluções criativas.

Em um mundo em constante mudança, ter um coração ensinável é uma vantagem inestimável. A capacidade de se adaptar, de aprender novas habilidades e de abraçar a inovação é essencial para se manter relevante e competitivo. Aqueles que se fecham para o aprendizado ficam estagnados, enquanto os que mantêm um coração ensinável continuam a crescer e a prosperar.

"Acima de tudo, guarde o seu coração, pois dele depende toda a sua vida."

Provérbios 4:23

Ter um coração ensinável é fundamental para quem busca uma vida plena e realizada. É um processo que exige humildade, paciência e dedicação, mas os benefícios são imensos. Ao nos tornarmos aprendizes eternos, enriquecemos nossa caminhada com sabedoria, crescimento e propósito. Abertos para aprender e crescer, vivemos uma vida mais rica, significativa e alinhada com os planos de Deus para nós.

Um coração ensinável é aquele que está aberto e disposto a aprender, crescer e ser moldado. Uma pessoa com um coração ensinável reconhece que não sabe tudo e que há sempre espaço para aperfeiçoamento e desenvolvimento, tanto no conhecimento quanto no caráter. Ao ter um coração ensinável, você cresce espiritualmente, melhora seu relacionamento com Deus, tem melhoria pessoal, resiliência e cumpre a vontade de Deus. Em Romanos 12:2, somos chamados a não nos conformarmos com este mundo, mas a sermos transformados pela renovação da mente para provar qual é a boa, agradável e perfeita vontade de Deus. Um coração ensinável é essencial para discernir e cumprir a vontade de Deus em nossas vidas.

CULTIVANDO UM CORAÇÃO ENSINÁVEL

Os benefícios de ter um coração ensinável são vastos. Um coração ensinável nos permite um crescimento espiritual contínuo, nos dando a capacidade de discernir a vontade de Deus e viver uma vida em conformidade com seus planos. A transformação e santificação são frutos desse processo, à medida que nos tornamos mais semelhantes a Cristo. A obediência e submissão a Deus se tornam naturais, pois reconhecemos nossa dependência Dele. A humildade é outra característica que floresce, pois, um coração ensinável admite suas limitações e busca continuamente o aperfeiçoamento.

AÇÕES QUE IMPACTAM

1. Mantenha um diário de aprendizado espiritual, anotando lições importantes e como você pode aplicá-las em sua vida.

2. Participe de grupos de estudo bíblico ou QGR para aprender com outros e compartilhar suas próprias experiências.

3. Ore diariamente pedindo a Deus um coração ensinável, disposto a aprender e a ser moldado por Ele.

CAPÍTULO 04

LEALDADE

"Seja um filho leal"

A lealdade é uma qualidade essencial na vida espiritual e na busca pelo favor de Deus em nossas vidas. Ela transcende simplesmente seguir regras ou cumprir rituais religiosos; é uma postura do coração que demonstra compromisso, fidelidade e confiança em Deus. Quando olhamos para a Bíblia, vemos inúmeros exemplos de pessoas que demonstraram lealdade a Deus em meio a desafios e adversidades.

Abraão é um exemplo marcante de lealdade, quando ele obedeceu prontamente a Deus, mesmo quando isso significava sacrificar seu filho Isaque (Gênesis 22:1-18). Sua fé e confiança em Deus foram testadas ao máximo, mas ele permaneceu firme, acreditando que Deus proveria uma solução. Esse ato de obediência não apenas demonstrou sua lealdade, mas também o colocou em uma posição de receber grandes bênçãos de Deus.

Outro exemplo é o de Daniel e seus amigos, que permaneceram leais a Deus, recusando-se a comprometer sua fé, mesmo diante de ameaças e perseguições. Daniel 3:16-18 relata a resposta corajosa de Sadraque, Mesaque e Abednego ao rei Nabucodonosor, afirmando que não adorariam a imagem de ouro que ele havia erguido, mesmo que fossem lançados na fornalha ardente. Eles declararam que Deus poderia livrá-los, mas mesmo se não o fizesse, eles não trairiam sua fé. Daniel 6:10 mostra a fidelidade de Daniel, que continuou a orar a Deus três vezes ao dia, mesmo sabendo que isso poderia levá-lo à cova dos leões. Esses exemplos bíblicos nos inspiram a cultivar uma lealdade inabalável a Deus, independentemente das circunstâncias.

"Ande sempre nos caminhos que o Senhor seu Deus ordenou, para que você seja bem-sucedido e viva

muito tempo na terra que vai possuir."

Deuteronômio 5:33

A lealdade a Deus implica obedecer aos Seus mandamentos e seguir Seus caminhos, como está escrito em Deuteronômio 5:33: *"Ande sempre nos caminhos que o Senhor seu Deus ordenou, para que você seja bem-sucedido e viva muito tempo na terra que vai possuir."* Essa obediência é uma expressão prática de nossa lealdade a Ele. Além disso, a lealdade a Deus envolve confiar plenamente Nele, como nos lembra Provérbios 3:5-6: *"Confie no Senhor de todo o seu coração e não se apoie em seu próprio entendimento; reconheça o Senhor em todos os seus caminhos, e ele endireitará as suas veredas."* Essa confiança nos capacita a enfrentar os desafios da vida com fé e esperança, sabendo que Deus está ao nosso lado.

A lealdade a Deus também se reflete em nossa integridade e caráter. Provérbios 20:7 diz: *"O justo vive de sua integridade; felizes serão seus filhos."* Quando vivemos uma vida íntegra e fiel diante de Deus e dos outros, nosso testemunho se torna poderoso, e isso pode atrair o favor de Deus sobre nós. Uma vida de integridade não apenas honra a Deus, mas também influencia positivamente aqueles ao nosso redor, promovendo um ambiente de confiança e respeito.

Cultivar a lealdade a Deus em todas as áreas de nossas vidas é essencial para acessar Seu favor e Suas bênçãos. É um compromisso de fidelidade e confiança, que nos leva a uma relação íntima com nosso Pai celestial e nos capacita a viver de acordo com Seus propósitos e planos para nós. A lealdade nos ajuda a permanecer firmes, mesmo quando enfrentamos dificuldades, e nos dá a força necessária para perseverar.

A fé é definida como a crença firme e inabalável em algo que não podemos ver. No contexto religioso, a fé em Deus refere-se à confiança profunda e à convicção de que Deus existe e age de maneiras significativas e relevantes para a vida pessoal e espiritual. É uma adesão pessoal e íntima às crenças religiosas e aos ensinamentos espirituais. A confiança em Deus está intimamente ligada à fé, mas pode ser vista como a atitude de se entregar completamente à vontade e ao cuidado de Deus. Envolve a convicção de que Deus é amoroso, sábio e poderoso o suficiente para guiar e proteger, mesmo em tempos de incerteza e dificuldades. Confiar em Deus implica deixar de lado as preocupações e se apoiar na promessa de que Ele está sempre presente e interessa-se pelo bem-estar de Seus filhos.

Para fortalecer minha fé, encontrei maneiras práticas que têm sido fundamentais. A convicção de que somos filhos amados de Deus e que tudo é sobre Ele e para Ele é um ponto de partida. Ler a Bíblia diariamente e buscar comunhão constante com Deus são práticas essenciais. A leitura das Escrituras não apenas fortalece a fé, mas também proporciona orientação e conforto. A oração é outra prática crucial, pois é através dela que nos conectamos com Deus, expressamos nossas necessidades e ouvimos Sua voz.

UMA VIVÊNCIA ESPIRITUAL MARCANTE

Durante um culto, fui profundamente tocado em meu coração de que deveria fazer uma doação significativa a um amigo. No início, hesitei, questionando se aquilo era realmente uma direção de Deus ou apenas um pensamento passageiro. Contudo, após muita reflexão e oração, decidi confiar e obedecer ao que senti ser a voz de Deus e fiz a doação.

No final do culto esse amigo me procurou para compartilhar algo incrível. Ele me contou que, pouco antes, havia ofertado todo o dinheiro que tinha na conta em resposta a uma direção que sentiu vinda de Deus. O mais impressionante é que o valor que doei a ele era exatamente o mesmo que ele havia entregado como oferta.

Esse momento me impactou profundamente, não apenas pela coincidência aparente, mas pela confirmação da fidelidade de Deus em cuidar de Seus filhos. Foi uma experiência que reforçou minha fé e me lembrou que, quando obedecemos a Deus, Ele sempre provê de maneiras surpreendentes e perfeitas.

COMO AJUDAR PESSOAS A DESENVOLVER E FORTALECER SUA FÁ

Para ajudar outras pessoas a desenvolverem e fortalecerem sua fé, explico-lhes que são imagem e semelhança do Criador e que são filhos amados de Deus. Um pai nunca abandona seu filho. Quanto mais obedientes somos, mais queridos nos tornamos pelo Pai. Fomos chamados para ser filhos e levar ao mundo a mensagem do Pai. Ensinar essas verdades e compartilhar experiências pessoais de fé pode inspirar e fortalecer outros em sua caminhada espiritual.

A lealdade a Deus é fundamental para acessar Suas bênçãos e favor. É uma qualidade que deve ser cultivada continuamente, demonstrando nossa fidelidade e confiança em Deus, independentemente das circunstâncias. Ao seguir os exemplos bíblicos e aplicar práticas diárias que fortalecem nossa fé, podemos viver de acordo com os propósitos divinos e experimentar uma vida plena e abençoada.

A lealdade é um pilar que sustenta a fé e a confiança em Deus, moldando nosso caráter e direcionando nossas ações. Ela não é apenas uma qualidade admirável, mas uma necessidade para aqueles que desejam viver em consonância com os desígnios divinos. Através de exemplos bíblicos e práticas cotidianas, podemos ver como a lealdade impacta profundamente nossas vidas e nos ajuda a enfrentar desafios com coragem e esperança.

"*A fé é o firme fundamento das coisas que não podemos ver.*"

AÇÕES QUE IMPACTAM

1. Faça um compromisso de seguir os mandamentos de Deus e de viver de acordo com Seus princípios, independentemente das circunstâncias.

____

____

____

2. Identifique áreas de sua vida onde você pode demonstrar maior lealdade a Deus e faça mudanças necessárias para fortalecer essa fidelidade.

____

____

____

3. Partilhe seu testemunho de fidelidade a Deus com outros, encorajando-os a também serem leais e fiéis.

Qual experiência você tem vivido com Deus e que precisa ser contada?

____

____

____

CAPÍTULO 05

O SERVIR

"Faça o para Deus, e não para o homem"

Descobrir o propósito e chamado em Deus é uma das maiores buscas da vida. Entender que somos chamados para ser filhos de Deus e levar Sua mensagem ao mundo é um passo essencial nessa descoberta. João 1:12 nos diz: *"Mas, a todos quantos o receberam, deu-lhes o poder de serem feitos filhos de Deus, aos que crêem no seu nome."* Essa passagem reforça que nosso propósito fundamental é sermos reconhecidos como filhos de Deus e, com isso, levar adiante a mensagem de amor e salvação que Ele nos confiou.

Romanos 8:14-17 expande essa ideia ao afirmar: *"Porque todos os que são guiados pelo Espírito de Deus, esses são filhos de Deus. Porque não recebestes o espírito de escravidão, para outra vez estardes em temor, mas recebestes o Espírito de adoção de filhos, pelo qual clamamos: Aba, Pai. O mesmo Espírito testifica com o nosso espírito que somos filhos de Deus. E, se somos filhos, logo somos herdeiros também, herdeiros de Deus, e coerdeiros de Cristo: se é certo que com ele padecemos, para que também com ele sejamos glorificados."* Este versículo nos lembra que nossa identidade como filhos de Deus nos concede não apenas uma herança celestial, mas também a responsabilidade de viver e compartilhar essa verdade.

Para descobrir nosso propósito divino, é necessário entender que fomos chamados para ser filhos de Deus e levar Sua mensagem ao mundo. Este entendimento pode ser buscado e aprofundado na palavra de Deus, como em Gênesis 1:26 e Romanos 8:14-17. Estes versículos nos ajudam a compreender nossa identidade e missão divina, colocando-nos no caminho para viver conforme o chamado de Deus.

Um dos momentos mais marcantes em que senti claramente o chamado de Deus em minha vida foi durante uma palestra da Patrícia Pimental. Ela falou sobre o fato de que todos somos chamados para ser filhos de Deus. Naquele momento, uma clareza inegável tomou conta de mim, e entendi qual era meu chamado. A partir desse dia, comecei a me posicionar como um filho amado de Deus, abraçando plenamente minha identidade e propósito.

PRÁTICA DIÁRIAS

Para alinhar nossas ações diárias com nosso propósito divino, algumas práticas são essenciais. A oração é fundamental, pois nos mantém conectados a Deus e sensíveis à Sua voz e direção. Viver de acordo com princípios bíblicos nos ajuda a manter a integridade e a fidelidade em nosso caminho. Estar em comunhão constante com Deus nos fortalece e nos guia em todas as decisões e ações. Ser sensível ao Espírito Santo nos ajuda a discernir a vontade de Deus e a ajustar nossas ações de acordo com Seu coração. Avaliar constantemente se nossas ações estão alinhadas com o coração de Deus é um exercício contínuo que nos mantém no caminho certo.

Servir aos outros é uma expressão prática de nosso propósito divino. Quando compreendemos que fomos chamados para ser filhos de Deus, isso nos leva a um desejo natural de servir e ajudar o próximo. Jesus nos deu o exemplo perfeito de servir, mostrando que o verdadeiro amor se manifesta em ações de cuidado e ajuda ao próximo. Quando servimos, não estamos apenas cumprindo um dever, mas estamos vivendo a essência do evangelho e refletindo o caráter de Cristo.

Servir também nos ajuda a crescer espiritualmente. Cada ato de serviço é uma oportunidade de experimentar a graça de Deus em ação, tanto em nossas vidas quanto nas vidas daqueles que servimos. É através do serviço que muitas vezes encontramos nosso verdadeiro propósito, pois nos coloca em situações em que podemos ver a mão de Deus trabalhando de maneiras inesperadas e poderosas.

Além disso, o serviço nos ensina humildade e dependência de Deus. Ao servir, muitas vezes nos deparamos com nossas próprias limitações e fraquezas, o que nos leva a buscar a força e a sabedoria de Deus. Este processo de depender de Deus nos fortalece e nos capacita a servir com um coração puro e altruísta.

IDENTIFIQUE SUAS HABILIDADES

Uma maneira de começar a servir é identificar áreas onde suas habilidades e paixões podem ser usadas para ajudar os outros. Isso pode ser em sua igreja local, em sua comunidade ou em qualquer outro lugar onde haja uma necessidade. Ao servir, faça-o com um coração disposto e aberto, buscando sempre glorificar a Deus em tudo o que faz.

Descobrir e viver nosso propósito divino é uma jornada contínua de crescimento e aprendizado. À medida que buscamos Deus e nos dedicamos a servi-Lo e aos outros, Ele nos guiará e nos capacitará a viver de acordo com Seu propósito. A chave é manter um coração aberto e disposto, sempre buscando a vontade de Deus em todas as áreas de nossas vidas.

A sensibilidade ao Espírito Santo é outro aspecto crucial para alinhar nossas ações com o propósito divino. O Espírito Santo nos guia, consola e nos capacita a viver segundo a vontade de Deus. Ser sensível ao Espírito Santo significa estar atento às Suas impressões e direcionamentos, obedecendo prontamente às Suas instruções. Isso pode envolver mudanças em nosso comportamento, atitudes ou até mesmo direções de vida, tudo para garantir que estamos seguindo o caminho que Deus preparou para nós.

Para avaliar constantemente se nossas ações estão alinhadas com o coração de Deus, é útil desenvolver uma prática de autorreflexão e avaliação espiritual. Perguntar a si mesmo se suas ações e decisões refletem o caráter e os ensinamentos de Cristo pode ajudar a manter o foco no propósito divino. Além disso, buscar feedback de mentores espirituais ou amigos de confiança pode fornecer uma perspectiva externa e ajudar a identificar áreas que precisam de ajuste.

Servir aos outros é uma manifestação prática do nosso propósito divino. Jesus nos ensinou que o maior entre nós deve ser aquele que serve (Mateus 23:11). O serviço não apenas beneficia aqueles que são ajudados, mas também nos transforma internamente. Através do servir, aprendemos a colocar as necessidades dos outros acima das nossas, desenvolvemos empatia e compaixão, e experimentamos a alegria de fazer a diferença na vida de alguém.

Um exemplo prático de como o servir pode alinhar nossas ações com o propósito divino é envolvimento em ministérios ou projetos comunitários. Isso pode incluir trabalho voluntário em abrigos, hospitais, igrejas ou qualquer outra organização que necessite de ajuda. Além de contribuir para o bem-estar da comunidade, essas atividades nos permitem exercer nossos dons e talentos para a glória de Deus.

Além de servir, alinhar nossas ações diárias com nosso propósito também envolve viver uma vida de integridade e caráter. A Bíblia nos exorta a sermos exemplos em palavra, comportamento, amor, fé e pureza (1 Timóteo 4:12). Viver uma vida íntegra significa ser verdadeiro e honesto em todas as situações, mantendo nossos valores e princípios mesmo quando enfrentamos pressão para comprometer nossa fé. A integridade não é apenas sobre como agimos em público, mas também sobre como nos comportamos quando ninguém está olhando.

"Aquele que é fiel no pouco também será fiel no muito."

Lucas 16:10

A fidelidade em pequenas coisas também é uma expressão de alinhamento com o propósito divino. Jesus nos ensinou que aquele que é fiel no pouco também será fiel no muito (Lucas 16:10). Isso significa que devemos ser diligentes e responsáveis em todas as áreas da nossa vida, seja no trabalho, na família, ou no servir à comunidade. Cada ação, por menor que pareça, é uma oportunidade de demonstrar nossa lealdade e compromisso com Deus.

Para alguém que visa descobrir e viver seu propósito divino, é essencial entender que isso é um processo contínuo de crescimento e aprendizado. Envolve buscar a Deus de todo o coração, ouvir Sua voz através da oração e das Escrituras, e obedecer às Suas direções. Também significa ser flexível e disposto a ajustar nossos planos e ações à medida que Deus nos revela novos aspectos do Seu propósito para nossas vidas.

Finalmente, viver nosso propósito divino nos proporciona uma profunda sensação de realização e paz. Quando sabemos que estamos alinhados com o plano de Deus, enfrentamos os desafios da vida com uma confiança renovada e uma esperança inabalável. Sabemos que, independentemente das circunstâncias, estamos no caminho certo, guiados pela mão amorosa de nosso Pai celestial.

Portanto, para viver plenamente o propósito divino, devemos manter uma conexão constante com Deus através da oração e da leitura bíblica, viver de acordo com princípios bíblicos, ser sensíveis ao Espírito Santo, servir aos outros com amor e compaixão, e manter uma vida de integridade e fidelidade. Ao fazer isso, não apenas descobrimos nosso propósito, mas também experimentamos a plenitude da vida que Deus planejou para nós.

AÇÕES QUE IMPACTAM

---

1. Encontre oportunidades de servir em sua comunidade ou igreja e dedique uma parte do seu tempo e habilidades para ajudar os outros.

2. Pratique o servir diário em pequenas coisas, como ajudar um vizinho ou oferecer apoio a um colega de trabalho.

3. Faça um compromisso de servir com um coração genuíno e desinteressado, buscando sempre glorificar a Deus em suas ações.

Quais projetos você vai começar a servir a partir de hoje?

____

____

____

Liste 5 habilidades que você tem e pode ser usando para servir na vida de alguém ou da comunidade?

____

____

____

CAPÍTULO 06

FIDELIDADE E PERSEVERANÇA NA FÉ

"Um chamado para todos"

Fidelidade e Perseverança na fé é a capacidade de manter-se firme e constante na confiança e na prática dos ensinamentos de Jesus Cristo, mesmo diante de dificuldades e desafios. É continuar a seguir a Deus e buscar Seu reino, independentemente das circunstâncias adversas que possam surgir. Perseverança não é apenas sobre suportar, mas sobre crescer e florescer espiritualmente, confiando que Deus está no controle de todas as situações.

Um exemplo pessoal de perseverança aconteceu quando me mudei para São Paulo no final de 2022 e comecei a trabalhar em uma empresa de logística. Em agosto de 2023, decidi pedir demissão para iniciar minha jornada como empreendedor. Naquela época, tinha economias que durariam até dezembro, mas durante os seis meses seguintes, nada parecia dar certo. Quando dezembro chegou, minhas economias haviam acabado. Esse foi um momento extremamente difícil em que precisei de muita perseverança. Não apenas tive que continuar firme, mas também entregar o controle da minha vida a Deus.

Foi então que comecei a experimentar o favor de Deus de maneiras inesperadas. Pessoas que me deviam há mais de dois anos começaram a pagar suas dívidas, e o dinheiro que estava bloqueado no banco foi liberado exatamente quando mais precisava.

Durante esse período, também comecei a servir em uma plataforma de desenvolvimento pessoal e passei a conversar com Deus, pedindo a Ele que, se esse fosse o caminho que Ele queria que eu seguisse, preparasse todas as coisas. Essa experiência de perseverança não apenas me sustentou financeiramente, mas também fortaleceu minha fé e confiança em Deus.

ESTRATÉGIAS PARA MANTER A PERSEVERANÇA EM TEMPOS DE ADVERSIDADE

ORAÇÃO:

Para enfrentar as adversidades, a oração é fundamental, mantendo uma comunicação contínua com Deus, como orientado em Filipenses 4:6-7. A confiança na providência divina, descrita em Mateus 6:25-34, traz paz e segurança, permitindo que a mente e o coração fiquem em paz, mesmo diante das dificuldades.

PROVIDÊNCIA DIVINA:

Saber que Deus cuida de todas as necessidades e tem um plano para minha vida, conforme descrito em Mateus 6:25-34, proporciona conforto e segurança.

ESCRITURAS:

Além disso, a leitura das Escrituras oferece sabedoria e direção em momentos de incerteza, como ensina o Salmo 119:105.

Leia provérbios todos os dias durante 1 ano e se tornará mais sábio, leia todos os dias durante 5 anos e se tornará milionário.

O PROPÓSITO DIVINO E A PERSEVERANÇA

Manter um foco claro no propósito divino, buscando honrar a Deus em todas as circunstâncias, ajuda a manter a perspectiva correta, como indicado em Romanos 8:28.

A perseverança não apenas nos ajuda a superar os desafios, mas também fortalece nossa relação com Deus de várias maneiras. Primeiro, ela aprofunda nossa confiança em Deus. Ao enfrentar desafios e continuar confiando em Seu caráter e cuidado, nossa confiança em Deus se fortalece, como ensinado em Provérbios 3:5-6. Além disso, a perseverança desenvolve uma fé robusta. Tiago 1:2-4 explica que a perseverança em meio às adversidades desenvolve uma fé madura, baseada na experiência pessoal do sustento divino. Reconhecer nossa dependência de Deus é outra lição valiosa da perseverança. João 15:5 nos lembra que sem Deus nada podemos fazer, e perseverar na fé mostra que reconhecemos nossa dependência Dele para todas as áreas da vida, não apenas nas dificuldades.

A PERSEVERANÇA É UM TESTEMUNHO

A perseverança também pode se tornar um testemunho poderoso para encorajar outros na fé. 1 Pedro 1:6-7 destaca que perseverar através da fé pode glorificar a Deus e servir como um testemunho de Sua fidelidade. Quando outros veem como Deus age em nossas vidas, nossa relação com Ele é fortalecida, e damos glória ao Seu poder e fidelidade, conforme descrito em Salmo 34:1-3.

Para alguém que está enfrentando tempos difíceis, é importante lembrar que a perseverança não é apenas sobre suportar passivamente, mas sobre confiar ativamente em Deus e buscar Seu reino,

A perseverança é um chamado para todos.

independentemente das circunstâncias.

Ao aplicar essas estratégias e manter a fé, podemos enfrentar qualquer desafio com confiança e esperança, sabendo que Deus está ao nosso lado.

A perseverança é, portanto, um chamado para todos. Ela nos convida a confiar em Deus plenamente, a buscar Seu reino continuamente e a permanecer firmes em nossa fé, mesmo quando enfrentamos adversidades. É através da perseverança que experimentamos o poder e a fidelidade de Deus em nossas vidas, e podemos testemunhar Seu amor e cuidado de maneiras profundas e transformadoras. Que possamos sempre lembrar de perseverar na fé, sabendo que Deus é fiel e nunca nos abandona.

A fidelidade na fé é mantida não apenas quando as coisas estão bem, mas especialmente quando enfrentamos adversidades e incertezas. No contexto da fé, a perseverança é um ato de confiar e permanecer firme em Deus, mesmo quando as circunstâncias nos desafiam a duvidar de Sua bondade e promessas. Em Filipenses 4:6-7, somos instruídos a não nos preocupar com nada, mas em tudo, pela oração e súplicas, com ação de graças, apresentar nossos pedidos a Deus. E a paz de Deus, que excede todo entendimento, guardará os nossos corações e mentes em Cristo Jesus. Essa paz, que transcende a compreensão humana, é um reflexo direto da nossa fidelidade e confiança em Deus.

Ficar firme em nossa fé, confiando em Deus, é a chave para atravessar os momentos mais desafiadores. Quando nós mantemos fiéis e perseverantes, não só glorificamos a Deus, mas também crescemos em nossa intimidade com Ele, experimentando Sua paz e provisão em níveis profundos e transformadores. Que possamos continuar a caminhar pela fé, sabendo que, mesmo nos momentos mais difíceis, Deus está conosco, e sua fidelidade nunca falha.

"A perseverança não apenas nos ajuda a superar os desafios, mas também fortalece nossa relação com Deus de várias maneiras."

AÇÕES QUE IMPACTAM

1. Você tem uma rotina de oração e leitura bíblica que fortaleça sua fé e confiança em Deus? Escreva aqui qual livro você vai começar a ler esse mês?

____

____

____

2. Está entregando seus desafios a Deus, acreditando que Ele está no controle e tem um plano perfeito para sua vida? Quais desafios você não entregou nas mãos de Deus ainda, e que a partir de agora vai deixar nas mãos dele?

____

____

____

3. Tem compartilhado testemunhos de como Deus tem sido fiel em sua vida, encorajando outras pessoas a perseverarem na fé? Escreva aqui o testemunho que você vai compartilhar hoje.

____

____

____

CAPÍTULO 07

GRATIDÃO

"Você é grato por tudo o que Deus lhe deu?"

Gratidão desempenha um papel vital na vida espiritual, servindo como um constante lembrete da bondade e das bênçãos de Deus. Ser grato todos os dias pela vida que Deus nos deu, entendendo que tudo é Dele e por Ele, cria um ambiente de contentamento e paz. A gratidão nos ajuda a focar nas coisas boas que temos, em vez de lamentar pelo que nos falta. Essa prática não só fortalece nossa relação com Deus, mas também transforma nossa perspectiva de vida.

Uma história que exemplifica como a gratidão pode mudar nossa perspectiva envolve uma prática diária que adotei de agradecer a Deus pelo fôlego de vida ao amanhecer. Sou grato pela minha família, amigos e todas as coisas que Deus colocou em minhas mãos para administrar. Essa atitude de gratidão diária trouxe uma felicidade maior e um senso de contentamento que antes eu não conhecia.

Faça a seguinte as reflexões:

1.Você é grato por tudo o que Deus lhe deu?

____

____

____

2.Você agradece todas as coisas que têm?

____

____

____

3.Agora imagine se você acordasse na manhã seguinte apenas com o que você agradeceu na noite anterior, como seria?

____

____

____

Essa reflexão me levou a perceber a importância de ser grato por todas as coisas, grandes ou pequenas.

Olhar para trás e ver a evolução que tive nos últimos dez anos me faz ainda mais grato. Ser grato pelo que fui, pelo que sou e pelo que me tornarei me dá uma perspectiva positiva e esperançosa sobre o futuro. A gratidão mudou minha forma de pensar e viver, ajudando-me a valorizar cada momento e a reconhecer as bênçãos de Deus em minha vida.

PRÁTICAS DIÁRIAS

Para incorporar a gratidão na vida diária, recomendo algumas práticas simples. Dedicar cinco minutos ao se deitar ou ao acordar para agradecer a Deus por tudo o que tem é uma forma poderosa de começar ou terminar o dia. Seja claro e específico em suas orações de gratidão. Isso ajuda a trazer à mente todas as bênçãos específicas que você tem, criando um hábito de reconhecer e valorizar o que é importante.

A gratidão tem o poder transformador de impactar profundamente a vida de uma pessoa. Ao adotar uma atitude de gratidão, a pessoa se torna mais positiva, pois passa a focar nas coisas boas em vez das negativas. A gratidão também reduz o estresse e a ansiedade, pois diminui a tendência de se preocupar com o que não se tem. Estudos mostram que pessoas gratas têm melhor saúde mental, com menos incidência de depressão e ansiedade.

Além disso, a gratidão fortalece os relacionamentos. Quando expressamos gratidão aos outros, construímos laços mais fortes e significativos. As pessoas se sentem valorizadas e reconhecidas, melhorando a qualidade das interações e criando um ambiente de apoio mútuo. A gratidão também aumenta a felicidade. Pessoas gratas são geralmente mais felizes, pois se concentram nas coisas boas que têm em vez de se lamentar pelo que não possuem. Finalmente, a gratidão melhora o bem-estar geral, proporcionando uma sensação de contentamento e paz que permeia todos os aspectos da vida.

A gratidão é uma prática espiritual que nos aproxima de Deus e nos ajuda a viver de maneira mais plena e significativa. Ela transforma nossa visão de mundo, nos tornando mais conscientes das bênçãos diárias e mais resilientes diante das dificuldades. Ao cultivar a gratidão, encontramos alegria em pequenas coisas e reconhecemos a mão de Deus em cada detalhe de nossas vidas.

"Em tudo dai graças, porque esta é a vontade de Deus em Cristo Jesus para convosco."

1 Tessalonicenses 5:18

Ao refletir sobre a gratidão, também me lembro de 1 Tessalonicenses 5:18: *"Em tudo dai graças, porque esta é a vontade de Deus em Cristo Jesus para convosco."* Esta passagem bíblica nos exorta a sermos gratos em todas as circunstâncias, reconhecendo que a gratidão é a vontade de Deus para nós. Isso nos desafia a manter uma atitude de gratidão, independentemente das situações que enfrentamos, confiando que Deus está sempre trabalhando para o nosso bem.

A prática diária da gratidão, portanto, é uma disciplina espiritual que nos ajuda a manter o foco em Deus e em Suas bênçãos. Isso não significa ignorar os desafios ou as dificuldades, mas escolher ver a mão de Deus em todas as coisas e confiar que Ele está nos guiando e sustentando. Quando somos gratos, nossas vidas são enriquecidas de maneira profunda, e experimentamos uma paz e alegria que só podem vir de Deus.

Gratidão é uma escolha que fazemos diariamente. É uma atitude que cultivamos e que, com o tempo, se torna uma parte integral de quem somos. Ao escolher ser grato, permitimos que a luz de Deus brilhe em nossas vidas, iluminando o caminho para nós e para aqueles ao nosso redor. Que possamos todos escolher a gratidão e experimentar a transformação que ela traz, vivendo vidas cheias de paz, alegria e propósito.

Por exemplo, ao final de cada dia, tirar alguns minutos para refletir sobre as coisas pelas quais somos gratos pode mudar drasticamente nossa perspectiva. Podemos agradecer pelo fôlego de vida, pela família, pelos amigos, por um trabalho que nos sustenta, ou até mesmo pelas pequenas coisas que passam muitas vezes despercebidas, como o calor de um sol matinal ou o conforto de uma boa refeição. Esta prática simples pode nos ajudar a encerrar o dia com um sentimento de contentamento e paz.

A GRATIDÃO E SEUS EFEITOS NOS RELACIONAMENTOS

Fortalecer os relacionamentos é outra maneira pela qual a gratidão pode transformar nossas vidas. Quando expressamos gratidão a nossos amigos, familiares e colegas, demonstramos que valorizamos e apreciamos suas ações e presenças em nossas vidas. Isso fortalece os laços e promove um ambiente de apoio e respeito mútuo. Pessoas que se sentem apreciadas são mais propensas a continuar a fazer o bem e a investir nos relacionamentos, criando um ciclo positivo de reciprocidade.

A gratidão também pode transformar ambientes de trabalho. Um estudo realizado por psicólogos organizacionais descobriu que equipes onde a gratidão é expressa e encorajada tendem a ter melhor desempenho e maior coesão. Funcionários que se sentem valorizados são mais motivados, engajados e produtivos. Além disso, a gratidão pode reduzir conflitos e aumentar a satisfação no trabalho, criando um ambiente mais harmonioso e colaborativo.

A felicidade é outra área grandemente impactada pela gratidão. Quando somos gratos, experimentamos uma alegria mais profunda e duradoura. A gratidão nos ajuda a valorizar o que temos, em vez de nos concentrarmos no que falta. Isso nos leva a uma sensação de plenitude e satisfação, independentemente das circunstâncias. A gratidão nos ensina a viver o presente de maneira plena, reconhecendo e valorizando cada momento como um presente divino.

A prática da gratidão também melhora nosso bem-estar geral. Quando escolhemos ser gratos, nosso corpo responde de maneira positiva. A gratidão está associada a uma pressão arterial mais baixa, um sistema imunológico mais forte e uma melhor qualidade do sono. Pessoas gratas também tendem a cuidar melhor de sua saúde, fazendo escolhas mais saudáveis em sua dieta e atividades físicas. Isso se deve ao fato de que a gratidão aumenta a motivação para cuidar de si mesmo e dos outros, promovendo um ciclo de bem-estar e saúde positiva.

A GRATIDÃO E O CONTENTAMENTO ESPIRITUAL

Além dos benefícios físicos e emocionais, a gratidão também tem um impacto espiritual profundo. Ser grato nos aproxima de Deus, pois nos faz reconhecer Sua soberania e bondade em todas as coisas. A gratidão é uma forma de adoração, uma maneira de expressar nosso amor e apreciação por tudo o que Deus fez e continua a fazer por nós. Ao cultivarmos um coração grato, fortalecemos nossa relação com Deus e nos tornamos mais conscientes de Sua presença e ação em nossas vidas.

"Entrai pelas portas dele com gratidão, e em seus átrios com louvor; dai-lhe graças, e bendizei o seu nome."

Salmos 100:4

Ao longo da Bíblia, vemos inúmeros exemplos de gratidão e suas poderosas implicações. O salmista escreve em Salmos 100:4: *"Entrai pelas portas dele com gratidão, e em seus átrios com louvor; dai-lhe graças, e bendizei o seu nome."* Este versículo nos exorta a entrar na presença de Deus com um coração grato, reconhecendo Sua bondade e misericórdia. A gratidão é um ato de reconhecimento de quem Deus é e do que Ele faz por nós.

A gratidão também nos ajuda a desenvolver uma perspectiva de contentamento. Paulo, em Filipenses 4:11-12, escreve: *"Digo isso, não por causa da necessidade, porque aprendi a contentar-me com o que tenho. Sei estar abatido, e sei também ter abundância; em toda maneira, e em todas as coisas, estou instruído, tanto a ter fartura, como a ter fome; tanto a ter abundância, como a padecer necessidade."* Esta passagem nos ensina que a gratidão e o contentamento andam de mãos dadas. Quando somos gratos, aprendemos a estar contentes em qualquer circunstância, confiando que Deus proverá o que precisamos.

ESCOLHA A GRATIDÃO TODOS OS DIAS

Portanto, a gratidão é uma prática espiritual e uma atitude que transforma nossas vidas de maneira profunda e abrangente. Ao escolher ser grato todos os dias, cultivamos uma perspectiva positiva, fortalecemos nossos relacionamentos, melhoramos nossa saúde mental e física, e nos aproximamos mais de Deus. Que possamos todos escolher a gratidão e experimentar a transformação que ela traz, vivendo vidas cheias de paz, alegria e propósito.

AÇÕES QUE IMPACTAM

1 . Anote 5 coisas pela qual você é grato.

____

____

____

*Mantenha um diário de gratidão, anotando diariamente
5 (cinco) coisas pelas quais você é grato.*

*2. Expresse sua gratidão a Deus em oração, agradecendo
por Suas bênçãos e reconhecendo Sua bondade.*

*3. Escreve o nome de 5 pessoas a quem você vai enviar
uma mensagem agradecendo pela vida delas e pelo que
ela tem contribuído em sua vida.*

____

____

____

*Faça essa prática diariamente, agradecendo
sinceramente às pessoas ao seu redor por suas
contribuições e apoio*

IMPACTO REAL

"Maior é aquele que serve"

Servir e doar-se aos outros é um princípio fundamental na fé cristã, refletindo o amor e a generosidade de Cristo. Servir significa dar a melhor parte de nós mesmos sem interesse pessoal, sendo genuíno e comprometido no que fazemos pelo próximo. É entender que aquele que serve aos outros, serve a Deus. Jesus nos ensinou que *"maior é aquele que serve" (Lucas 22:26)*. Essa verdade nos chama a adotar uma postura de humildade e serviço, vendo cada ato de bondade como uma oportunidade de honrar a Deus

"Maior é aquele que serve"

Lucas 22:26.

Em março de 2024, fui convidado para produzir slides para um grande evento organizado por Paulo Fernandes. Apesar de nunca ter criado slides antes, aceitei o desafio com a disposição de servir. Durante o processo, trabalhei como se estivesse fazendo para Deus, pedindo orientação em oração para que tudo saísse da melhor forma possível. Coincidentemente, o evento caiu no mesmo dia do lançamento do meu livro em coautoria, Mentalidade Governante, no qual investi mais de 10 mil reais. Mesmo assim, senti que Deus me pediu para priorizar o evento de Paulo e servir até o fim, mesmo sabendo que isso significaria sacrificar o momento do meu próprio lançamento.

Naquele dia, optei por abrir mão do meu lançamento, que era um momento muito significativo para mim, para dedicar meu tempo e esforço a esse evento. O que realmente destacou essa experiência foi a reação de Paulo, que, ao me chamar ao palco, reconheceu publicamente meu trabalho e minha dedicação. Ele expressou sua gratidão, honrando meu esforço e destacando a importância de ter escolhido servir, mesmo quando poderia estar desfrutando de seu próprio sucesso.

Aquela atitude não apenas me impactou, mas também inspirou todos os presentes. Ver alguém abrir mão de um momento tão significativo em prol do serviço tocou os corações de muitas pessoas ali. O espírito de unidade e comprometimento que se formou naquele evento foi palpável, mostrando que a generosidade e o sacrifício podem ter um efeito profundo nas vidas das pessoas. Essa experiência me fez perceber que, ao escolher servir, criamos um ambiente onde todos se sentem motivados a fazer o mesmo, refletindo a essência do amor cristão.

SERVINDO COM SACRIFÍCIO: UM CAMINHO PARA CRESCIMENTO ESPIRITUAL

Essa experiência me ensinou que o verdadeiro ato de servir vai além do que podemos imaginar. Servir exige sacrifício e a disposição de abrir mão de nossas prioridades para atender às necessidades dos outros. Ao abrir mão de algo tão significativo para mim, pude testemunhar a ação de Deus em minha vida e na vida dos que estavam ao meu redor.

Existem várias maneiras práticas de servir. A disponibilidade para servir em áreas onde temos habilidades é essencial. No entanto, também é importante estar disposto a servir em áreas que desconhecemos, desde que o façamos de coração e com uma oração pedindo direção a Deus. O ato de servir pode incluir desde atividades simples, como ajudar na organização de eventos, até tarefas mais complexas, como ministrar aulas ou liderar grupos. O importante é estar disposto e aberto a atender às necessidades que surgirem, confiando que Deus nos capacitará para cada tarefa.

O ato de servir e doar-se aos outros têm um impacto profundo na vida espiritual de uma pessoa. Quando escolhemos servir com generosidade e sacrifício, desenvolvemos uma fé mais profunda e prática em Deus. Servir frequentemente exige que deixemos de lado nossos próprios planos e desejos para seguir a vontade de Deus. Essa prática fortalece nossa submissão a Ele e nos ajuda a discernir Seus propósitos em nossas vidas. Ao servir, cultivamos virtudes como humildade, compaixão, paciência e amor ao próximo, conforme descrito em Gálatas 5:22-23. Essas qualidades são fundamentais para uma vida espiritual madura e frutífera.

"Cada um exerça o dom que recebeu para servir aos outros, administrando fielmente a graça de Deus em suas múltiplas formas."

1 Pedro 4:10

Servir também nos ensina a depender mais de Deus. Muitas vezes, ao servir, encontramos desafios e situações que estão além de nossas capacidades. É nesses momentos que aprendemos a confiar na provisão e na direção divina. 1 Pedro 4:10 nos lembra que *"cada um exerça o dom que recebeu para servir aos outros, administrando fielmente a graça de Deus em suas múltiplas formas."* Essa dependência de Deus nos fortalece espiritualmente e nos aproxima mais Dele.

Além disso, o serviço nos oferece a oportunidade de testemunhar o amor de Deus aos outros. Quando servimos de coração, mostramos às pessoas ao nosso redor o caráter de Cristo através de nossas ações. Isso não só fortalece nossa fé, mas também pode inspirar e encorajar outros a buscar uma relação mais profunda com Deus. O serviço, portanto, não é apenas uma prática de obediência a Deus, mas também um meio poderoso de evangelização e ministério.

O LEGADO DO SERVIR:
UMA VIDA QUE HONRA A DEUS

Para concluir, servir e doar-se aos outros é uma expressão prática e poderosa da nossa fé em Deus. É através do servir que demonstramos o amor de Cristo de maneira tangível, tocando as vidas das pessoas ao nosso redor. O servir nos ensina a humildade, a dependência de Deus e a prática das virtudes cristãs. Ele também nos oferece a oportunidade de ser uma luz no mundo, refletindo o amor e a graça de Deus através de nossas ações.

À medida que seguimos em nossa caminhada de fé, que possamos sempre lembrar do valor do servir e buscar oportunidades para servir aos outros. Que possamos fazer isso com um coração genuíno, sabendo que, ao servir aos homens, estamos servindo a Deus. Que nossa vida seja um testemunho vivo da bondade e do amor de Deus, impactando positivamente todos os que cruzarem nosso caminho.

No capítulo final deste livro, espero que você tenha encontrado inspiração e encorajamento para viver uma vida de servir e dedicação a Deus. Que as histórias e ensinamentos compartilhados aqui sirvam como um guia para aprofundar sua fé e fortalecer seu compromisso com o servir cristão. Ao servir aos outros, lembre-se sempre de que você está servindo a Deus, e que Ele honrará cada ato de bondade e generosidade. Que Deus o abençoe ricamente enquanto você continua a buscar Seu reino e Sua justiça em todas as áreas de sua vida.

Que a paz de Deus, que excede todo entendimento, guarde o seu coração e a sua mente em Cristo Jesus. Que você possa experimentar a plenitude da vida que Deus planejou para você, vivendo com gratidão, fidelidade e um coração disposto a servir. E que, em tudo o que fizer, você glorifique a Deus, impactando o mundo ao seu redor com o amor de Cristo.

"Que a paz de Deus, que excede todo entendimento, guarde o seu coração e a sua mente em Cristo Jesus."

AÇÕES QUE IMPACTAM

1. Compartilhe com um amigo ou membro da família o que você aprendeu e como planeja aplicar esses ensinamentos.
Quem são as pessoas que você vai compartilhar?

____

____

____

____

____

____

2. Faça um compromisso de revisitar este livro regularmente para relembrar os princípios aprendidos e avaliar seu progresso.

CARTA DO COMPROMETIMENTO

Eu_____________________________ me comprometo que vou revisar este livro regulamente para relembrar os princípios apreendido e avaliar meu progresso a cada ___________ mês, vou colocar em prática cada princípios para que possa viver do favor de Deus.

Cidade:________________ Data ____/____/____

____
Assinatura

CONCLUSÃO

*"Pois dele, por ele e para ele são
todas as coisas. A ele seja a glória
para sempre! Amém."*
Romanos 11:36

Convido você a viver de maneira plena e significativa, servindo a Deus e aos outros com um coração aberto e generoso. Que possamos sempre lembrar que o servir é um reflexo do nosso amor por Deus e um meio poderoso de demonstrar Sua graça e misericórdia ao mundo. Que Deus nos capacite a ser servos fiéis e dedicados, vivendo para Sua glória e honra em todos os aspectos de nossas vidas.

**E não sede conformados com este mundo, mas sede
transformados pela renovação do vosso
entendimento, para que experimenteis qual seja a
boa, agradável, e perfeita vontade de Deus.**
Romanos 12:2

Até mais...